MANUAL DE EPICTETO

ENCHEIRÍDION DE EPICTETO

MANUAL DE EPICTETO

ENCHEIRÍDION DE EPICTETO

PÉ da letra

Publicado originalmente como Ἐγχειρίδιον Επικτήτου

Os direitos desta edição pertencem à
Editora Pé da Letra
Rua Coimbra, 255 – Jd. Colibri – Cotia, SP, Brasil
Tel.(11) 3733-0404
vendas@editorapedaletra.com.br / www.editorapedaletra.com.br

Direção Editorial James Misse
Edição Fábio Takaoka
Direção de Arte Robério Gonçalves
Tradução Valéria Paixão
Revisão Valéria Paixão
Diagramação Robério Gonçalves e Editora Pé da Letra

Impresso no Brasil, 2023

Dados Internacionais de Catalogação na Publicação (CIP)
Angélica Ilacqua CRB-8/7057

Epicteto

Manual de Epicteto : encheirídion de Epicteto / Epicteto ; tradução de Valéria Paixão. – 1 ed. – Cotia, SP : Pé da Letra, 2023.

72 p. : il., color.

ISBN 978-65-5888-759-1

Título original: Ἐγχειρίδιον Επικτήτου

1. Filosofia 2. Estoicos I. Título II. Paixão, Valéria

23-2371 CDD 100

Índices para catálogo sistemático:
1. Filosofia

INTRODUÇÃO

Como professor respeitado, Epicteto recebeu elogios de alguns dos estudiosos mais conceituados. Orígenes, um dos primeiros filósofos cristãos, disse que Epicteto era ainda mais popular do que Platão, e Herodes Ático, achava que Epicteto era "o maior dos estoicos".

Ele se tornou um dos mais importantes filósofos estoicos, mas o caminho para chegar a essa conquista foi repleto de dificuldades. Epicteto cresceu como escravo de um homem rico, que lhe permitiu estudar filosofia. Felizmente, quando tinha 33 anos, foi libertado e ensinou filosofia em Roma. Entre 89 e 94 d.C., quando já era um filósofo reconhecido, Domiciano expulsou de Roma todos os filósofos. Epicteto se retirou então para Nicópolis, onde abriu sua escola de filosofia, que logo se tornou renomada, e lá ministraria aulas que se tornariam a base do *Encheirídion*.

Apesar de sua impressionante sabedoria, Epicteto viveu uma vida humilde. Ele nunca fez distinção entre filósofos e pessoas comuns. Seus ensinamentos enfatizam acima de tudo que devemos aceitar incondicionalmente qualquer coisa que esteja fora de nossa esfera de controle.

RESUMO

O *Manual de Epicteto — Encheirídion de Epicteto* é um pequeno manual com conselhos éticos estoicos compilado por Flávio Arriano Xenofonte, que foi aluno de Epicteto no início do século II; pois o filósofo não deixou nenhum escrito próprio. Reúne os ensinamentos mais sábios de Epicteto e contém todos os fundamentos de sua filosofia. É um texto orientador e leitura obrigatória para estudantes de filosofia estoica e aqueles que querem levar uma vida plena com qualidades morais. Apesar de o conteúdo ser derivado dos *Discursos de Epicteto*, não é propriamente um resumo dos *Discursos*, mas sim uma compilação de preceitos práticos.

O livro enfoca os princípios estoicos fundamentais, particularmente o de não se preocupar com o que está fora de seu controle. Epicteto ensina que nunca devemos ter desejos ou aversões guiados por eventos externos — para muitos, adotar os ensinamentos de Epicteto, como no estoicismo em geral, significa uma mudança radical em como vemos e interagimos com o mundo. Sua filosofia se dirige principalmente àqueles que buscam se tornar sábios, o que para ele significa aqueles que praticam um determinado modo de vida, não pessoas que falam sobre teorias filosóficas. Acreditava que o principal objetivo da filosofia é ajudar as pessoas comuns a enfrentar os desafios da vida. Apesar de ser um mestre da retórica Epicteto tinha uma atitude humilde. Vivia modestamente praticando o que pregava.

I

Há coisas que estão sob nosso controle e coisas que estão além de nosso controle. Sob o nosso controle estão a opinião, o objetivo, o desejo, a aversão e, em uma palavra, tudo quanto seja ação nossa. Não estão sob o nosso controle o corpo, a propriedade, a reputação, o cargo e tudo quanto não seja ação nossa.

Ora, as coisas que estão sob nosso controle são por natureza livres, irrestritas, desimpedidas; mas aquelas que estão além de nosso controle, fora de seu poder de decidir ou de escolher como deseja ser, são propriamente escravas, desprovidas de liberdade. Lembre-se, então, que se você atribuir liberdade às coisas por natureza dependentes e tomar o que pertence a outros para o seu próprio benefício, você será impedido, lamentará, ficará perturbado, encontrará aflição e angústia. Mas se você tomar para si apenas o que é seu e reconhecer o que pertence aos outros exatamente como realmente é, ninguém jamais o obrigará, ninguém o restringirá; ninguém criticará você, ninguém o acusará; ninguém vai te machucar, você não terá inimigo, nem sofrerá nenhum mal.

Se você tem como objetivo viver de acordo com os seus princípios, não esqueça de que não será fácil — você irá precisar abrir mão de muitas coisas e irá protelar outras. Mas se você possuir poder e riqueza, você pode perder o último ao buscar o primeiro; e você certamente falhará naquilo que somente a felicidade e a liberdade são obtidas.

Procure ser capaz de dizer a toda aparência desagradável: "Você é apenas uma aparência e de forma alguma a coisa real". E então examine por aquelas regras que você tem; e primeiro e principalmente por isso: se diz respeito às coisas que estão sob nosso controle ou às que não estão; e se for algo além de nosso poder, esteja preparado para dizer que não é nada para você.

II

Lembre-se de que o desejo exige a obtenção daquilo que você deseja; e a aversão exige evitar aquilo a que você é avesso; que aquele que falha no objeto de seus desejos fica desapontado; e aquele que incorre no objeto de sua aversão é miserável. Se, então, você evitar apenas aquelas coisas indesejáveis que você pode controlar, você nunca incorrerá em nada que você evite; mas se você evitar a doença, a morte ou a pobreza, correrá o risco de cair na miséria. Remova o hábito da aversão de todas as coisas que não estão sob seu controle e aplique-o às coisas indesejáveis que estão sob seu controle. Mas, por enquanto, refreie o desejo; pois se você deseja qualquer uma das coisas que não estão sob seu controle, você deve necessariamente ficar desapontado; e você ainda não está seguro daqueles que estão em sob seu controle, e assim são objetos legítimos de desejo. Onde for praticamente necessário para você perseguir ou evitar qualquer coisa, faça isso com discrição, gentileza e moderação.

III

Os fatos acontecem como têm de acontecer; as pessoas se comportam simplesmente de acordo com o que são.

Saiba das coisas que lhe agrada, saiba de que qualidade essas coisas são; saiba porque razão, por qual qualidade, essas coisas lhe causam o que te causam.

No que diz respeito a quaisquer objetos que deleitem a mente ou contribuam para o uso ou sejam ternamente amados, lembre-se de que natureza eles são, começando com as mais insignificantes ninharias: se você tem uma xícara favorita, é apenas uma xícara da qual você gosta; se caso ela se quebre, você pode suportar isso. Em seguida, passe para as coisas e pessoas mais importantes; se você abraça seu filho ou sua esposa, você abraça um mortal — e assim, se qualquer um deles morrer, você será capaz de suportar a perda com maior serenidade.

Lembre-se tudo o que sente mentalmente, algo que está sobre seu controle, é característico do julgamento, que é seu controle. Assim, tudo é interpretado e não há nada que seja inerentemente bom ou ruim que não passe primeiro pelo julgamento de sua mente.

*"Os fatos acontecem
como têm de
acontecer; as pessoas
se comportam
simplesmente
de acordo com
o que são."*

— Epicteto

IV

Quando você iniciar qualquer ação, lembre-se de qual é a natureza da ação; é importante lembrar da razão que conduz tal ação; é importante lembrar da qualidade da ação. Assim, considere tudo o que decorre dessa ação, considere suas consequências e ao que está sujeito no momento em que delibera a ação. Saiba que o que importa no fim é a qualidade e o propósito a que se destina tal ação, sendo que qualquer outra coisa que decorrer além disso não lhe cabe, não é sua reponsabilidade. Dessa forma, uma ação tem um fim e será uma boa ação se atingir este fim, pois fora disso, não é deliberado por sua vontade. Não tente fazer suas próprias regras.

Se você vai tomar banho[1], represente para si mesmo os incidentes habituais no banho — algumas pessoas derramando, outras empurrando, outras repreendendo, outras furtando. E, assim, você realizará essa ação com mais segurança se disser a si mesmo: "Agora vou tomar banho e manter minha própria vontade em harmonia

---

1 Os romanos criaram as casas de banho, onde concentravam tudo o que a vida social exigia. As construções eram enormes e chegavam a abrigar milhares de banhistas.

com a natureza". E assim com relação a todas as outras ações. Pois assim, se surgir algum impedimento no banho, você poderá dizer: "Não era apenas banhar-me que eu desejava, mas manter minha vontade em harmonia com a natureza; e não me manterei assim se estiver de mau humor com as coisas que acontecem.

V

Os homens são perturbados não pelas coisas, mas pelas visões que eles têm das coisas. Assim, a morte não é nada terrível, mas o medo e a opinião que se tem sobre ela. O terror consiste em nossa noção de morte, que é terrível. Quando, portanto, somos impedidos, perturbados ou entristecidos, nunca o imputemos aos outros, mas a nós mesmos — isto é, aos nossos próprios pontos de vista. É ação de quem não se educou acusar os outros por seus próprios infortúnios. De quem começou a se educar, acusar a si próprio. De quem já se educou, não acusar os outros nem a si próprio.

VI

Não fique exultante com nenhuma qualidade que não seja a sua. Ao se gabar por ter um carro bonito, um bom emprego, usar belas roupas, não se esqueça que as qualidades que se gaba não são suas, mas dos objetos aos quais você acredita ser possuidor. Então, abstenha-se com aquilo que você tem controle. Ao tentar exaltar-se por qualidades de outros objetos parecerá um tolo que definha em ser menor aquilo mesmo que exalta, pois como pode um homem ser menos que aquilo que construiu? Assim, quando você estiver em harmonia com a natureza a esse respeito, ficará exultante com alguma razão; pois você ficará exultante com algum bem próprio.

VII

Como em uma viagem, quando o navio está ancorado, se você for à praia para buscar água, você pode se divertir pegando um marisco ou uma planta em seu caminho, mas seus pensamentos devem estar atentos ao navio. Se o capitão chamar, você deve deixar todas essas coisas e voltar rapidamente; assim também na vida, se, em vez de uma planta ou marisco, se uma esposa ou um filho for concedido a você, não há objeção; mas se o capitão chamar, corra para o navio, deixe todas essas coisas e nunca olhe para trás. Mas se você for velho, nunca se afaste do navio, para não perder quando for chamado.

VIII

Não exija que os eventos aconteçam como você deseja; mas deseje que aconteçam como acontecem, e você estará em paz.

IX

A doença é um impedimento para o corpo, mas não para a vontade, a menos que você permita. A claudicação é um impedimento para a perna, mas não para a vontade; e diga isso a si mesmo em relação a tudo o que acontece. Pois você descobrirá que é um impedimento para outra coisa, mas não verdadeiramente para si mesmo.

X

Os incidentes que ocorrem na vida nos oferecem uma oportunidade para voltarmos para dentro de nós mesmos e descobrir as qualidades que podem ser utilizadas nessas situações.

Se você encontrar uma pessoa sedutora, encontrará o recurso necessário — o autodomínio; se encontrar a dor — resistência; se sofrer injúria — paciência. E quando assim habituado, os fenômenos da existência não o dominarão.

Sempre é o seu próprio julgamento que definirá a representação e deste modo somente você poderá encontrar o recurso, capacidade, habilidade para lidar com o que não está sob seu controle.

*"Os incidentes
que ocorrem na
vida nos oferecem
uma oportunidade
para voltarmos
para dentro de nós
mesmos e descobrir
as qualidades que
podem ser utilizadas
nessas situações."*

— Epicteto

XI

Não há nada no mundo que seja necessariamente seu; não há nada a perder.

Nunca diga: "eu o perdi", diga "isso voltou para o lugar de onde veio". Seu filho morreu? Ele voltou para o lugar de onde veio. Sua esposa morreu? Ela voltou para o lugar de onde veio. Sua propriedade foi retirada? Isso também voltou para o lugar de onde veio. "Mas foi um homem mau que o pegou." Por que sofrer para devolver o que você recebeu do mundo e está sendo devolvido a ele? Assim, o mundo lhe é emprestado para que viva! Nada lhe pertence, e se está sobre sua posse, chegará o momento em que lhe será cobrado a devolver o que lhe tomou emprestado. Sempre tenha muito cuidado com que você possui, mantenha-o como algo que não é seu, como fazem os viajantes em uma hospedaria. Assim você adquire a paz interior.

XII

Se você deseja melhorar, deixe de lado raciocínios como estes: "Se eu negligenciar meus negócios, não terei sustento; se eu não punir meu criado, ele se aproveitará da minha boa vontade." É melhor morrer de fome, isento de tristeza e medo, do que viver na abundância com perturbação; e é melhor que seu criado seja mal-agradecido do que você infeliz.

Comece, portanto, com pequenas coisas. Um pouco de óleo é derramado ou um pouco de vinho é roubado? Diga a si mesmo: "Este é o preço pago pela paz e tranquilidade; e nada se ganha de graça." E quando você chamar seu filho, considere que é possível que ele não atenda ao seu chamado; ou, se o fizer, talvez ele não faça o que você deseja. Mas não é nada desejável para ele, e muito indesejável para você, que esteja em seu poder causar-lhe qualquer perturbação.

XIII

Se você deseja melhorar, não se preocupe em ser considerado tolo em relação às coisas banais, que não merecem a nossa atenção. Não se preocupe com a opinião das pessoas a seu respeito.

Desconfie de você se for visto pelos outros como alguém especial. Se pensarem que você é um bom pai, desconfia sobre sua qualidade de pai; se acharem que é um bom marido, desconfia sobre sua qualidade no matrimônio; se pensarem que é rico, desconfia sobre sua riqueza! Em suma, os julgamentos exteriores são falsos em relação a seu interior, pois os olhos são capazes de ver, mas apenas seu julgamento sobre você pode enxergar além do que os olhos podem ver.

Pois esteja certo de que não é fácil ao mesmo tempo manter sua vontade em harmonia com a verdade e preocupar-se com o que está além do seu controle; mas enquanto você está absorvido em um, você irá necessariamente negligenciar o outro.

XIV

A vida é governada por leis que não podemos controlar. Seus desejos são a razão do seu sofrimento ou de seu prazer, nunca deseje qualquer coisa que vá contra à natureza, pois dessa forma estará condenado a sofrer.

Se você deseja que seus filhos, sua esposa e seus amigos vivam para sempre, você é um tolo, pois deseja que as coisas estejam em seu poder, mas não estão, e deseja que aquilo que pertence a outros seja seu. Da mesma forma, se você deseja que seu criado não tenha culpa, você é tolo, pois deseja que o vício não seja vício, mas outra coisa. Mas se você deseja não se decepcionar com seus desejos, isso está sob seu controle. Exercite, portanto, o que estiver ao seu alcance. O mestre de um homem é aquele que é capaz de conferir ou remover o que quer que o homem busque ou evite. Quem quer ser livre, não deseje nada, e rejeite tudo o que depende de outros; caso contrário, você será sempre um escravo.

A verdadeira liberdade não é simplesmente fazer o que quer, e sim conhecer os próprios limites e os limites naturais estabelecidos pela vida.

XV

Lembre-se de que você deve se comportar como em um banquete. Alguma coisa é trazida para você? Estenda sua mão e pegue uma parte moderada. Ele passa por você? Não pare. Ainda não chegou? Não anseie por isso com desejo, mas espere até que chegue até você. Assim com relação a filhos, esposa, cargo, riquezas; e em algum momento você será digno de festejar com os deuses. E se você não aceitar as coisas que estão diante de você, mas for capaz de renunciar a elas, então você não apenas será digno de festejar com os deuses, mas também de governar com eles. Pois, assim fazendo, Diógenes[2] e Heráclito[3], e outros como eles, merecidamente se tornaram divinos e assim foram reconhecidos.

2 Diógenes foi um filósofo da Grécia Antiga e pregou um modo de vida simples e viveu como tal.
3 Heráclito de Éfeso foi um dos principais filósofos pré-socráticos, por ter iniciado o pensamento dialético e defender que a natureza é composta por uma constante mudança.

"E se você não aceitar as coisas que estão diante de você, mas for capaz de renunciar a elas, então você não apenas será digno de festejar com os deuses, mas também de governar com eles."

— Epicteto

XVI

Quando você vir alguém aflito, seja porque está sofrendo pela ausência do filho ou porque ele sofreu em seus negócios, tome cuidado para não ser vencido pelo mal aparente, mas discrimine e esteja pronto para dizer: "O que machuca este homem não é este acontecimento em si — pois outro homem pode não ser ferido por isso — mas a interpretação que ele tem do acontecimento. No que diz respeito à conversa, porém, solidarize com ele através de suas palavras. Tome cuidado para não se deixar levar pela aflição.

XVII

Lembre-se de que você é um ator em uma peça de teatro, tal como o autor da peça o quer. Se ele a quiser breve, breve será. Se ele a quiser longa, longa será. Se for do seu agrado que você represente um homem pobre, ou um deficiente físico, ou um governante, ou um simples cidadão, certifique-se de representá-lo com talento e sem reclamar. Pois este é o seu negócio — desempenhar bem o papel dado, mas escolhê-lo, cabe a outro.

XVIII

Quando um corvo crocitar de forma infeliz, não se deixe vencer pelas aparências, mas faça a distinção: "Nada é um presságio para mim, seja para meu corpo insignificante, ou propriedade, ou reputação, ou filhos, ou esposa. Mas para mim todos os presságios são bons, se eu quiser. Pois aconteça o que acontecer, cabe a mim tirar proveito disso."

XIX

Você pode ser invencível se não entrar em nenhum combate em que não esteja em seu próprio poder vencer. Quando, portanto, você vir alguém eminente em honras ou poder, ou muito poderoso, ou mais estimado, presta atenção, tome cuidado para não se confundir com as aparências e declará-lo feliz; pois se a essência do bem consiste em coisas dentro de nosso próprio controle, não haverá espaço para inveja ou emulação. Mas, de sua parte, não deseje ser general, nem senador, nem cônsul, mas seja um homem livre; e o único caminho para isso é desconsiderar as coisas que não estão em nosso próprio controle.

"Lembre-se que não é insolente quem insulta ou agride, mas sim a opinião segundo a qual ele é insolente."

— Epicteto

XX

Lembre-se que não é insolente quem insulta ou agride, mas sim a opinião segundo a qual ele é insolente. Quando, portanto, alguém o provocar, tenha certeza de que é sua própria opinião que o provoca. Portanto, em primeiro lugar, não se deixar confundir pelas aparências. Pois se uma vez você ganhar tempo e se afastar, você terá uma visão mais ampla.

XXI

Que a morte e o exílio, e todas as outras coisas que parecem terríveis, estejam diariamente diante de seus olhos, mas principalmente a morte; e você nunca terá um pensamento abjeto, nem cobiçará nada com muita avidez.

XXII

Se você busca a sabedoria através da filosofia, prepare-se desde o início para te ridicularizarem: "De repente, ele voltou para nós como um filósofo"; e, "De onde vem esse olhar arrogante?" Agora, de sua parte, não tenha um olhar arrogante, mas mantenha-se firmemente naquilo que parece melhor para você, como alguém designado por Deus para esta posição particular. Pois lembre-se de que, se você for persistente, essas mesmas pessoas que a princípio o ridicularizaram, depois o admirarão. Mas se você se deixar vencer por eles, receberá as risadas em dobro.

XXIII

Se acontecer de você voltar sua atenção para coisas externas, para o prazer de alguém, tenha certeza de que perdeu o rumo da vida. Se quiser ter sabedoria, viva de acordo com suas possibilidades e tente ser sábio aos próprios olhos. Seja uma pessoa que usa a sabedoria em busca da verdade, seja sábio em todas as circunstâncias.

XXIV

Não deixe que considerações como estas o aflijam: "Eu viverei em descrédito e não serei ninguém em lugar nenhum". Pois se o descrédito é um mal, você não pode mais se envolver no mal através de outro do que na baixeza. É ação sua obter um cargo público ou ser convidado para um banquete? De jeito nenhum. Como então, afinal, esse descrédito? E como é verdade que você não será ninguém em lugar nenhum quando deveria ser alguém apenas naquelas coisas que estão sob seu controle, nas quais você pode ser de maior importância? "Mas meus amigos ficarão desamparados?" O que você quer dizer com "desamparados"? Eles não receberão dinheiro de você, nem você os tornará cidadãos importantes. Quem te disse, então, que essas coisas estão sob seu controle, e não nos assuntos de outros? E quem pode dar ao outro as coisas que ele mesmo não tem? "Bem, mas pegue-os, então, para que também possamos ter uma parte. Se eu puder obtê-los com a preservação de minha própria honra, fidelidade e autorrespeito, mostre-me o caminho e eu os obterei; mas se você exige que eu perca meu próprio bem, para que você possa ganhar o que não é bom, considere quão irracional e tolo você é. Além disso, o que você prefere ter, uma quantia em dinheiro ou um amigo fiel e honrado? Em vez disso, é melhor você me ajudar a ser uma pessoa boa do que exigir que eu faça aquelas coisas que ameaçam a integridade do meu caráter. Bem, mas meu país, do que depende de mim, ficará desamparado? Aqui, novamente, que assistência é essa que você quer dizer? Não terá pórticos nem prédios elegantes? E o que significa isso? Ora, nem um ferreiro fabrica sapatos, nem um sapateiro fabrica armas. É suficiente que todos realizem plenamente seus próprios negócios. Se você fornecer para a pátria outro cidadão leal e digno em nada a beneficiaria? Sim. Então você mesmo não seria inútil à pátria. "Que posição", diz alguém, "terei na cidade?" Qualquer posição que você ocupe preservando sua dignidade e fidelidade. Mas se, desejando beneficiar a cidade, rejeitar essas qualidades, que benefício seria para a cidade se for indigno e desleal?

XXV

E se alguém receber maiores honras do que você em um banquete, ou melhores oportunidades, ou desfrutar de privilégios que você almeja? Você deve se alegrar por ele as ter obtido; e se os benefícios não forem interessantes, não se aflija por não os ter. E lembre-se de que você não pode rivalizar com os outros sem usar os mesmos meios para obtê-los. Pois como quem não vai periodicamente à porta de alguém, não o atende, não o elogia, tem uma parte igual com aquele que faz essas coisas? Você é injusto, então, e irracional se não está disposto a pagar o preço pelo qual essas coisas são vendidas, e as teria por nada. Por quanto se vendem as alfaces? Uma moeda, por exemplo. Se outro, então, pagando uma moeda, pega as alfaces, e você, não pagando, fica sem elas, não imagine que ele tenha ganhado alguma vantagem sobre você. Pois, assim como ele tem as alfaces, você também tem as moedas que não deu. Portanto, nesse caso, você não foi convidado para o entretenimento de tal pessoa porque não pagou a ela o preço pelo qual uma ceia é vendida. Ele a vende por elogios, por obséquios. Dê a ele, então, o valor se for para sua vantagem. Mas se você ao mesmo tempo não paga um e ainda recebe o outro, você é irracional e tolo. Você não tem nada, então, no lugar da ceia? Na verdade, você não terá que elogiar aquele a quem você não gosta; nem terá que aturar os que estão diante da porta dele. Muitas vezes é melhor não pagar o preço exigido, pois pode ser o preço da nossa integridade.

XXVI

A vontade da natureza pode ser aprendida a partir de coisas sobre as quais todos concordamos. Como quando o filho de nosso vizinho quebrou uma xícara, ou algo semelhante, estamos prontos para dizer imediatamente: “Isso acontece”. Tenha certeza, então, que quando seu próprio cálice é quebrado da mesma forma, você deve ser afetado assim como quando o cálice de outro foi quebrado. Agora aplique isso a coisas mais importantes. O filho ou a esposa de outro está morto? Não há ninguém que não diga: “Este é o ciclo da vida”. Mas, quando morre o próprio, diz-se prontamente: “Ó desafortunado que sou!” É preciso que lembremos como nos sentimos quando ouvimos a mesma coisa a respeito dos outros.

"É preciso que lembremos como nos sentimos quando ouvimos a mesma coisa a respeito dos outros."

— Epicteto

XXVII

Do mesmo modo que um alvo não é fixado para não ser atingido, assim também a natureza do mal não existe no mundo.

XXVIII

Se uma pessoa entregasse seu corpo a algum transeunte, você certamente ficaria furioso. E você não sente vergonha em entregar seu pensamento a qualquer injuriador, para ser desconcertado e confundido?

XXIX

Em cada caso, considere o que precede e o que se segue e, em seguida, empreenda-o. Caso contrário, primeiro te entusiasmará e, por não ter ponderado sobre as consequências, depois, quando estas se mostrarem vergonhosas, desistirá. "Quer vencer os Jogos Olímpicos?" Mas considere o que precede e o que se segue, e então, se for para sua vantagem, empreende a ação. Você deve obedecer às regras, submeter-se a uma dieta; exercitar seu corpo, quer você queira ou não, em uma hora determinada, no calor e no frio; você não deve beber bebida alcoólica nem fumar, você deve se entregar ao seu treinador como a um médico. Então, no combate, você pode deslocar o braço, torcer o tornozelo, engolir muita poeira, receber açoites e, afinal, perder a vitória. Quando você tiver calculado tudo isso, se sua resolução ainda persistir, comece o combate. Senão, do mesmo modo que as crianças se comportam — ora elas brincam de lutador, ora de gladiador, ora tocam trombetas, depois encenam uma tragédia, você também será ora atleta, ora gladiador, depois orador, em seguida filósofo, sempre brincando, sem levar nada a sério. Como um macaco, você imita tudo o que vê, e uma coisa após a outra certamente o agradará, mas cairá em desuso assim que se tornar rotina. Alguns, ao contemplarem e ouvirem um filósofo — um desses que falam bem como Sócrates — e, de fato, quem é capaz de falar como ele? Querem também eles próprios ser filósofos. Examina primeiro de que qualidade é a coisa, depois observa a sua própria natureza para saber se a pode suportar. Deseja ser atleta ou lutador? É necessário ter força nos braços coxas e ombros. Você tem aptidão física para estar entre os melhores? Cada um nasceu para uma coisa.

Você acha que pode agir como age e ser um filósofo, que pode comer, beber, ficar com raiva, ficar descontente, como está agora? Você deverá fazer vigílias, suportar fadigas, superar certos apetites, deverá reavaliar as pessoas com quem você se relaciona, ser desprezado por seu criado, ser ridicularizado por aqueles que encontra; levar a pior em vários aspectos da sua vida, incluindo seus cargos, honras, sua situação perante aos tribunais. Quando você tiver considerado todos esses detalhes, siga em frente. Faça os sacrifícios que são o preço do objetivo: serenidade, liberdade e tranquilidade. Caso contrário, procure não se iludir e siga outro rumo. Você deve ser um homem, bom ou mau. Você deve cultivar sua própria razão ou externalizá-la; aplique-se às coisas dentro ou fora de você — isto é, seja uma pessoa sábia ou uma pessoa comum na multidão.

"Você deve cultivar sua própria razão ou externalizá--la; aplique-se às coisas dentro ou fora de você."

— Epicteto

XXX

Os deveres são universalmente medidos por relações interpessoais. Um certo homem é seu pai? Nisso está implícito cuidar dele, submeter-se a ele em todas as coisas, receber pacientemente suas reprovações, sua correção. Mas ele é um péssimo pai. A sua ligação natural é, então, com um bom pai? Não, mas para um pai. Um irmão é injusto? Bem, preserve sua própria relação justa com ele. Não considere o que ele faz, mas o que você deve fazer para manter sua própria vontade em um estado conforme à natureza, pois outro não pode feri-lo a menos que você queira. Você será ferido quando consentir em ser ferido. Dessa maneira, portanto, se você se acostumar a contemplar as relações de vizinho, cidadão, comandante, poderá deduzir de cada um os deveres correspondentes.

XXXI

Esteja certo de que a essência da piedade para com os deuses reside nisso — formar opiniões corretas sobre eles, como existindo e governando o universo com justiça e bem. E fixe-se nesta resolução, para obedecê-los e ceder a eles, e voluntariamente segui-los em meio a todos os eventos, como sendo governados pela mais perfeita sabedoria. Assim, não censurarás jamais os deuses, nem os acusarás de terem te esquecido. E não é possível que isso seja afetado de outra maneira senão afastando-se das coisas que não estão sob nosso controle e fazendo o bem ou o mal consistir apenas naquelas que estão. Pois se você supõe que quaisquer outras coisas sejam boas ou más, é inevitável que, quando você estiver desapontado com o que deseja ou incorrer no que evitaria, você deve reprovar e culpar os responsáveis. Pois é natural a todas as pessoas evitar e afastar-se das coisas que se apresentam nocivas e de suas causas, como também buscar e admirar as coisas benéficas e suas causas. É impraticável, então, que aquele que se supõe ferido se regozije com aquele que, segundo ele pensa, o fere, assim como é impossível regozijar-se com a própria dor. Portanto, também, um pai é insultado por seu filho quando ele não compartilha as coisas que parecem boas. Polinices e Eteocles[4] também agiram assim, por acreditarem que a tirania fosse um bem. Em razão disso, o camponês insulta os deuses, bem como o marinheiro, o comerciante, os que perdem as mulheres e os filhos.

Pois aí está o nosso interesse, aí também está a piedade. De modo que quem tem o cuidado de regular seus desejos e aversões como deve, também se torna cuidadoso com a piedade. Mas também cabe a cada um oferecer libações e sacrifícios e primícias, segundo os costumes de seu país, de forma pura e não negligente, nem indolente, nem avaramente, nem acima da sua própria capacidade.

---

4 Polinices e Eteocles são filhos de Édipo que se envolveram em um conflito mortal pela obtenção do poder em Tebas. Essa trama é utilizada como pano de fundo na tragédia Antígona, de Sófocles

XXXII

Quando você refletir sobre o futuro, lembre-se de que não sabe o que está por vir, mas vai ao adivinho para ser informado sobre isso; mas de que natureza você sabia antes de vir; pelo menos, se você tiver uma mente filosófica. Pois se está entre as coisas que não estão sob nosso controle, de modo algum pode ser bom ou mau. Portanto, não leve ao adivinho desejo ou aversão — senão você se aproximará dele tremendo — mas primeiro entenda claramente que todo evento é indiferente e nada se refere a você, pois poderá fazer bom uso do acontecimento e isso ninguém te impedirá, vai, confiante, aos deuses, vendo-os como seus conselheiros. Além disso, quando algo te for aconselhado, lembra quais conselheiros você acolhe e quais, desobedecendo, recusará ouvir. Vá para a adivinhação como Sócrates prescreveu, nos casos em que toda a consideração se relaciona com o evento e nos quais nenhuma oportunidade é oferecida pela razão ou qualquer outra arte para descobrir o assunto em vista. Quando, portanto, é nosso dever compartilhar o perigo de um amigo ou de nosso país, não devemos consultar o oráculo sobre se devemos compartilhá-lo com eles ou não. Pois embora o adivinho deva avisá-lo de que os auspícios são desfavoráveis, isso significa nada mais do que morte, mutilação ou exílio. Mas a razão te impele, mesmo nessas situações, a ficar ao lado do amigo ou da pátria e expor-te ao perigo. Portanto, dá atenção ao maior dos adivinhos, Apolo Pítico, que expulsou do templo o homem que não socorreu o amigo que estava sendo assassinado[5].

---

5 Epicteto faz aí referência a uma anedota contada na íntegra por Simplicius, sobre um homem agredido e morto em seu caminho para consultar o oráculo, enquanto seu companheiro, abandonando-o, refugiou-se no templo até ser expulso pela Divindade.

"Quando algo te for aconselhado, lembra quais conselheiros você acolhe e quais, desobedecendo, recusará ouvir."

— Epicteto

XXXIII

Comece prescrevendo para si mesmo algum caráter e comportamento, como você pode preservar tanto sozinho quanto em companhia.

Fique em silêncio, ou fale apenas o que é necessário e em poucas palavras. Podemos, no entanto, entrar com moderação no discurso às vezes, quando a ocasião o exigir; mas não fale sobre nenhum dos assuntos comuns, como lutadores, corridas de cavalos, campeões atléticos, comida ou bebida — assuntos falados por toda parte. Sobretudo, não fale sobre homens, tanto para culpar ou elogiar, ou fazer comparações. Se você for capaz, então, conduz a sua conversa e a dos que estão com você para o que é conveniente; mas se acontecer de você se encontrar entre estranhos, fique em silêncio.

Não deixe seu riso ser alto, frequente ou de modo descontrolado.

Evite fazer juramentos, se possível, completamente; de qualquer forma, tanto quanto você é capaz.

Evite entretenimentos públicos e vulgares; mas se alguma ocasião o chamar a eles, mantém-te atento e jamais caia na vulgaridade. Pois sabe que, quando o companheiro for impuro, quem convive com ele necessariamente se torna impuro, mesmo que, por acaso, esteja puro.

Forneça coisas relacionadas ao corpo não além do que a necessidade absoluta exige, como carne, bebida, roupas, casa, serviçais. Mas exclui por completo a ostentação ou o luxo.

Antes do casamento, proteja-se com todas as suas habilidades de relações sexuais ilícitas com mulheres; contudo, não seja caridoso ou severo com aqueles que são levados a isso, nem se gabe com frequência de que você mesmo faz o contrário.

Se alguém lhe disser que uma certa pessoa fala mal de você, não dê desculpas sobre o que é dito de você, mas responda: "Ele ignora meus outros defeitos, ou não mencionaria somente esses".

Não é necessário que você apareça com frequência em espetáculos públicos; mas se alguma vez houver uma ocasião apropriada para você estar lá, não pareça mais solícito por ninguém além de si mesmo — isto é, deseje que as coisas sejam exatamente como são e que apenas o melhor homem vença; pois assim nada irá contra você. Mas abstenha-se inteiramente de aclamações, escárnio e emoções violentas. E quando você sair, não discuta muito sobre o que passou e o que não contribui em nada para sua própria emenda. Pois pareceria por tal discurso que você estava deslumbrado com o espetáculo.

Nem ao acaso, nem prontamente vá às palestras dos outros, mas se for, seja ao mesmo tempo reverente, equilibrado e cordial.

Quando você for conversar com alguém, e especialmente com alguém que parece ser seu superior, imagine para si mesmo como Sócrates ou Zenão[6] se comportariam em tal caso, e você não ficará perdido em enfrentar convenientemente o que pode ocorrer.

Quando você precisar encontrar alguém do grupo dos muito poderosos, considera a possibilidade de que você não o achará em casa; de que você será impedido de entrar; de que ele não te dará atenção. E se ainda assim for conveniente ir, vá. Mas suporta os acontecimentos e jamais diga a você mesmo: "Isso não vale tanto". Pois orientar-se pelas coisas exteriores é próprio do homem comum.

Nas conversas, evite uma menção frequente e excessiva de suas próprias ações e perigos. Por mais agradável que seja para você aludir aos riscos que correu, não é igualmente agradável para os outros ouvir suas aventuras.

---

6 A referência é a Zenão de Chipre (*335-263 a. C.*), o fundador da escola estoica.

Evite também um esforço para provocar o riso, pois isso pode facilmente levá-lo à vulgaridade e, além disso, pode rebaixá-lo na estima de seus conhecidos. Abordagens ao discurso indecente são igualmente perigosas. Portanto, quando algo desse tipo acontecer, aproveite a primeira oportunidade adequada para repreender aquele que assim avança, ou, pelo menos, pelo silêncio e ruborização e um olhar sério, mostre-se descontente com tal conversa.

XXXIV

Se você se deslumbra com a aparência de qualquer prazer prometido, guarde-se para não ser confundido por ela; que o assunto te espere: concede um tempo para você mesmo. Em seguida, traga à sua mente os dois pontos do tempo — aquele em que você desfrutará do prazer e aquele em que você se arrependerá e se reprovará, depois de desfrutá-lo — e coloque diante de você, em oposição a estes, como você se alegrará e aplaudirá a si mesmo se você se abster. E mesmo que pareça para você uma gratificação oportuna, tome cuidado para que suas tentações, seduções e doçuras não possam subjugá-lo, mas oponha a isso o quão melhor é estar consciente de ter conquistado uma vitória tão grande.

*"Se você se deslumbra
com a aparência
de qualquer prazer
prometido, guarde-
se para não ser
confundido por ela."*

— Epicteto

XXXV

Quando você fizer qualquer coisa com um julgamento claro de que deve ser feito, nunca se esquive de ser visto fazendo isso, mesmo que o mundo entenda mal; pois se você não está agindo corretamente, evite a própria ação; se você é, por que temer aqueles que o censuram injustamente?

XXXVI

Como a proposição "ou é dia ou é noite" tem muita força em um argumento disjuntivo, mas nenhuma em um conjuntivo, então, em uma festa, escolher a maior porção tem valor para o corpo, mas não o valor comunitário que é preciso observar em um banquete. Lembre-se, então, quando você come com outra pessoa, não apenas o valor para o corpo das coisas que são colocadas diante de você, mas também o respeito para com seu anfitrião.

XXXVII

Se assumiu um papel além de sua capacidade, tanto perderá a sua compostura quanto deixará de lado aquele que é possível que desempenha bem.

XXXVIII

Assim como ao caminhar você toma cuidado para não pisar em um prego ou torcer o pé, da mesma forma tome cuidado para não ferir a faculdade dominante de sua mente. E se nos precavêssemos disso em todas as ações, deveríamos entrar em ação com mais segurança.

XXXIX

O corpo é para cada um a medida adequada de suas posses, assim como o pé é do sapato. Se, portanto, você parar nisso, manterá a medida; mas se você for além, necessariamente cairá no abismo, como em um precipício; como no caso de um sapato, se você for além de sua adequação ao pé, ele primeiro será dourado, depois roxo e depois cravejado de joias. Pois para aquilo que uma vez ultrapassa a medida adequada, não há mais limite.

XL

Muitas mulheres, na adolescência, são chamadas de senhoras pelos homens. Portanto, percebendo que são consideradas apenas qualificadas para dar prazer aos homens, elas começam a se enfeitar e nisso depositar todas as suas esperanças. É importante então que cuidemos para que percebam que por nenhuma outra coisa são honradas, senão por se apresentarem disciplinadas e digna.

"O corpo é para cada um a medida adequada de suas posses, assim como o pé é do sapato."

— Epicteto

XLI

É sinal de incapacidade gastar muito tempo em coisas relacionadas ao corpo, como ser imoderado em exercícios, em comer e beber muito e copular muito. Essas coisas devem ser feitas incidentalmente, que a atenção seja toda para o pensamento.

XLII

Quando alguém fizer mal a você, ou falar mal de você, lembre-se de que ele pensa que tem razão em agir assim. Agora não é possível que ele siga o que parece certo para você, mas apenas o que parece assim para ele mesmo. Portanto, se ele julga pelas falsas aparências, ele é o prejudicado, pois ele também é o enganado. Pois se alguém toma uma proposição verdadeira como falsa, a proposição não é prejudicada, mas apenas o homem é enganado. Partindo, então, desses princípios, você humildemente suportará uma pessoa que o insulta, pois você dirá em todas as ocasiões: "Pareceu assim a ele, mas está enganado".

XLIII

Tudo tem dois lados: um suportável e outro não suportável. Se seu irmão agir injustamente, não se sinta magoado — pois isso não é suportável —, não esqueça: que ele é seu irmão, e que vocês foram criados juntos. Interpretando a situação assim, você a compreenderá melhor e manterá seu equilíbrio.

XLIV

Todas as pessoas precisam aprender a pensar com clareza e a identificar um raciocínio inconsistente e enganoso.

Estes raciocínios são inconsistentes: "Sou mais rico que você, portanto sou seu superior". "Sou mais eloquente que você, portanto sou seu superior." A verdadeira conexão lógica é esta: "Eu sou mais rico do que você, portanto minhas posses devem exceder as suas". "Eu sou mais eloquente que você, portanto meu estilo deve superar o seu". Não esqueça que seu caráter não depende de bens materiais ou de um discurso eloquente.

XLV

Alguém toma banho apressadamente? Não diga que ele faz mal, mas apressadamente. Alguém bebe muito vinho? Não diga que ele está doente, mas que ele bebe muito. Pois, a menos que você entenda perfeitamente seus motivos, como saberá se ele está agindo mal? Assim, você não correrá o risco de ceder a quaisquer aparências, mas às que você compreende plenamente.

XLVI

Nunca promova a própria sabedoria, nem fale muito entre os ignorantes sobre seus princípios, mas mostre-os por meio de ações. Assim, em um entretenimento, não discuta como as pessoas devem comer, mas coma como se deve. Pois lembre-se de que assim Sócrates também evitava universalmente toda ostentação. E quando as pessoas o procuravam quando desejavam ser apresentados aos filósofos por ele, ele os levava. Portanto, se alguma vez houver entre os ignorantes qualquer discussão sobre princípios, fique em silêncio na maior parte do tempo. Pois há grande perigo em jogar fora apressadamente o que não é digerido. E se alguém lhe disser que você não sabe nada, e você não ficar irritado com isso, então você pode ter certeza de que realmente fez o seu trabalho. Pois as ovelhas não jogam a grama apressadamente para mostrar aos pastores o quanto comeram, mas, tendo digerido internamente o pasto, produzem lã e leite, também você nunca mostre os princípios filosóficos aos homens comuns, mas, após tê-los digerido, mostre as ações.

XLVII

Quando você aprender a nutrir seu corpo frugalmente, não se irrite com isso; nem, se você beber água, diga em todas as ocasiões: "Eu bebo água". Mas primeiro considere quão mais frugais são os pobres do que nós, e quão mais pacientes com as dificuldades.

E se quiser, em algum momento, exercitar-te para uma tarefa árdua, faz isso para você mesmo e não para impressionar os outros, não tente grandes feitos; mas quando você estiver com muita sede, apenas enxágue a boca com água e não conte a ninguém.

“Se quiser, em algum momento, exercitar--te para uma tarefa árdua, faz isso para você mesmo e não para impressionar os outros, não tente grandes feitos; mas quando você estiver com muita sede, apenas enxágue a boca com água e não conte a ninguém.”

— Epicteto

XLVIII

A condição e característica do homem comum é que ele nunca espera benefício ou dano de si mesmo, mas das coisas exteriores. A condição e característica de um homem sábio é que ele busca em si mesmo todo benefício ou dano. As marcas de um proficiente são que ele não censura ninguém, não elogia ninguém, não culpa ninguém, não acusa ninguém; nada diz sobre si mesmo — como quem é ou o que sabe. Quando ele é impedido ou contido em qualquer instância, ele se acusa; e se é elogiado, sorri para si mesmo da pessoa que o elogia; e se for censurado, não se defende. Mas ele anda com a cautela de um convalescente, evitando interferir em qualquer coisa que esteja indo bem, mas ainda não totalmente seguro. Ele restringe o desejo; ele transfere sua aversão apenas para aquelas coisas que impedem o uso adequado de nossa própria vontade; ele emprega suas energias moderadamente em todas as direções; se ele parece estúpido ou ignorante, ele não se importa; e, em uma palavra, ele vigia a si mesmo como um inimigo e alguém em emboscada.

XLIX

Quando alguém se mostrar vaidoso por poder compreender e interpretar as obras de Crisipo[7], diga a si mesmo: "A menos que Crisipo tivesse escrito obscuramente, essa pessoa não teria nada de que se orgulhar. Mas o que eu desejo? Para entender a natureza e segui-la. Pergunto, então, quem a interpreta; e ouvindo o que Crisipo faz, recorro a ele. Não entendo seus escritos. Procuro, portanto, alguém que os interprete." Até agora não há nada para me valorizar. E quando encontro um intérprete, resta-me fazer uso das suas instruções. Isso por si só é a coisa valiosa. Mas se admiro apenas a interpretação, o que me torno mais do que um gramático, em vez de um filósofo, exceto, de fato, que em vez de Homero eu interpreto Crisipo? Quando alguém, portanto, deseja que eu leia Crisipo para ele, enrubescerei quando não for capaz de exibir ações semelhantes às palavras e condizentes com elas. As pessoas cujas as ações são coerentes com os princípios que professam devem ser valorizadas.

---

7 Crisipo *(280-207 a.C.)* foi um filósofo grego. Crisipo foi um dos maiores expoentes do estoicismo, infelizmente, de suas obras, restam apenas fragmentos.

L

Quaisquer que sejam as regras que você adotou, cumpra-as como leis e como se você fosse ímpio por transgredi-las; e não leve em consideração o que dizem de você, pois isso, afinal, não é da sua conta.

LI

Quanto tempo, então, você demorará para exigir de si mesmo as melhorias mais nobres e, em nenhum caso, transgredir os julgamentos da razão? Você recebeu os princípios filosóficos com os quais deveria estar familiarizado; e você tem respeitado eles. Por qual outro mestre, então, você espera como desculpa para esse atraso na correção de si mesmo? Você não é mais um menino, mas um homem adulto. Se, portanto, você for negligente e preguiçoso, e sempre fizer adiamentos após adiamentos, fixando um dia após o outro o dia depois do qual cuidará de você mesmo, continuará insensivelmente a não realizar nada e, permanecerá, tanto vivendo quanto morrendo, um homem comum. Neste

"Quaisquer que sejam as regras que você adotou, cumpra-as como leis e como se você fosse ímpio por transgredi-las; e não leve em consideração o que dizem de você, pois isso, afinal, não é da sua conta."

— Epicteto

instante, então, considere-se digno de viver como um homem adulto e competente. E que seja lei inviolável para você tudo o que se apresentar como sendo o melhor. E se algum exemplo de dor ou prazer, glória ou desgraça for colocado diante de você, lembre-se de que agora é o combate, agora a Olimpíada começa, e não pode ser adiada; e que por uma falha e derrota a honra pode ser perdida ou ganha. Assim, Sócrates tornou-se perfeito, aperfeiçoando-se em tudo, seguindo apenas a razão. E embora você ainda não seja um Sócrates, você deve, no entanto, viver como alguém que busca ser um Sócrates.

LII

O primeiro e mais necessário tópico em filosofia é a aplicação prática de princípios, como: Não devemos mentir; o segundo é o das demonstrações, por exemplo: Por que é que não devemos mentir; o terceiro, aquele que dá força e conexão lógica aos outros dois, é: Por que isso é uma demonstração. O que é uma demonstração? O que é uma consequência? O que é uma contradição? O que é verdadeiro? O que é falsidade? O terceiro ponto é então necessário por causa do segundo; e o segundo por causa do primeiro. Mas o mais necessário, e onde é preciso se demorar, é o primeiro. Mas fazemos exatamente o contrário. Pois gastamos todo o nosso tempo no terceiro ponto e empregamos toda a nossa diligência sobre isso, e negligenciamos inteiramente o primeiro. Portanto, ao mesmo tempo em que mentimos, estamos prontos para mostrar como se demonstra que mentir é errado.

LIII

Em todas as ocasiões, devemos ter estas máximas à mão:

"Conduze-me, Zeus, e tu também, Destino,
Para o posto ao qual um dia fui nomeado,
Que, atento, eu vos seguirei — e se, mau me tornando,
Não o quiser, ainda assim vos seguirei[8]."

"Quem cede adequadamente ao Destino é considerado sábio entre os homens e conhece as leis do Céu[9]."

"Ó Críton, se assim agrada aos deuses, assim seja[10]."

"Ânito e Meleto podem me matar de fato; mas eles não podem me machucar[11]."

---

8 Versos atribuídos ao estoico Cleanto, discípulo direto de Zenão de Cítio — o fundador do Estoicismo.
9 Fragmentos de Eurípides (965), citado segundo A. Nauck.
10 Críton, que nos ensina porque devemos respeitar as decisões judiciais, mesmo que aparentemente sejam injustas.
11 Platão, *Apologia*.

"Portanto, ao mesmo tempo em que mentimos, estamos prontos para mostrar como se demonstra que mentir é errado."

— Epicteto

QR Code para comprar

facebook.com/EdPeDaLetra/
instagram.com/editorapedaletra/
www.editorapedaletra.com.br

PÉ da letra